AF242704

DISCOURS

Prononcé par M. RÉAL, avocat, le 16 mai 1790, dans une séance publique de la Société des Amis de la Constitution, établie à Grenoble.

IMPRIMÉ PAR ORDRE DE LA SOCIÉTÉ.

DISCOURS

Prononcé par M. RÉAL.

Messieurs,

Nous entrons dans un âge de prospérité. La Constitution la plus sage s'éleve majestueusement au milieu de nous, malgré les orages inséparables d'une liberté naissante.

Le temps qui détruit tout, ne fera qu'affermir ce monument de notre liberté, fondé sur les bases éternelles de la justice, & sur les droits imprescriptibles de l'homme.

Mais si un avenir favorable se présente à nos regards, nous ne ressentons pas encore toute l'influence salutaire du nouvel ordre de choses. L'instant où une grande nation se régénere & passe de l'esclavage à la liberté, est un instant de crise. Pour franchir paisiblement ce passage terrible, il faudroit qu'elle eût déjà toute l'énergie d'un peuple libre, & cependant l'esprit public n'y est encore qu'à sa naissance.

Les réformes utiles au bien général, blessent les intérêts particuliers. Aussi-tôt des plaintes & des murmures viennent troubler la joie publique.

La révolution même la plus heureuse ne peut s'opérer sans occasionner une secousse générale dans toutes les parties de l'empire.

A 2

Dans cet inftant de crife, les fortunes deviennent incertaines ; le crédit national s'altere ; le numéraire difparoit ; le commerce languit ; l'induftrie eft fans travail.

Tous ces maux, fans doute, ne font que paffagers : ils cefferont auffi-tôt que le nouvel ordre fera établi. Mais en attendant ce moment défiré, ces maux pèfent principalement fur la claffe indigente de la fociété, fur cette portion nombreufe de citoyens, qui tire fa fubfiftance de fon travail, & qui forme vraiment la nation.

Attaqués dans leurs fortunes & dans leurs moyens de fubfiftance, par la fufpenfion momentanée des travaux, plufieurs de nos concitoyens doutent encore, fi ce nouvel ordre de chofes eft du moins pour eux le gage d'un bonheur à venir.

J'entrerois donc, Meffieurs, dans vos vues de bienfaifance, fi je prouvois que la nouvelle Conftitution, utile à tous, a effentiellement pour but le foulagement de la claffe laborieufe du peuple.

Mais cette certitude d'un bonheur prochain pourroit-elle fuffire à des ouvriers fans travail ? Non fans doute. Il faut pourvoir aux befoins du moment : il faut arriver au terme défiré. Je crois donc devoir encore vous préfenter quelques idées générales, fur les établiffements qu'on pourroit former en cette ville, pour fuppléer au défaut de travail.

Borné par le temps, je ne jetterai qu'un coup d'œil rapide, fur les avantages immenfes que la nouvelle Conftitution affure au peuple. *C'eft fa caufe qui triomphe par-tout. Chaque abus qu'on a détruit eft un foulagement qu'on lui prépare. Etoit-il un feul abus dont il ne fût la victime ?*

Deux ordres privilégiés pefoient fur le peuple. Rivaux l'un de l'autre, ils ne s'accordoient que pour opérer fa ruine. Rejettant loin d'eux le fardeau des impôts, ils le pofoient d'une main de fer, fur la tête de ceux qui fécondoient la terre. Tous les poftes honorables étoient leur appanage exclufif. Ces ordres n'exiftent plus, & avec eux ont difparu ces abus révoltants.

Le peuple gémiffoit écrafé fous le régime féodal. Il en eft affranchi.

Cet impôt défaftreux qui pefoit tout à la fois fur les hommes & fur les animaux, la gabelle, n'eft plus.

Des jurés, en matiere criminelle, garantiront à jamais l'honneur & la vie des citoyens. Sous cette fublime inftitution, nous n'aurons plus à gémir des méprifes terribles de la juftice.

Un préjugé barbare ne flétrira plus des parents innocents. Le front du coupable fera feul c hargé de l'opprobre du crime.

En matiere civile, des magiftrats amov bles, élus par le peuple, honorés fans être craints, rendront aux citoyens une juftice facile, prompte, impartiale. Sans ceffe furveillés par l'opinion publique, ce juge équitable, mais févere, les contiendroit dans leurs devoirs, s'ils pouvoient, un inftant s'en écarter.

Le commerce languiffoit, énervé fous le régime oppreffif de la fifcalité. De fages décrets lui ont rendu fon activité naturelle, en le dégageant d'une foule d'entraves & de droits onéreux. L'uniformité des poids & des mefures, eft un bienfait inappréciable, qui fimplifiera fes opérations.

L'agriculture, ce premier nerf de l'état, a reçu une nouvelle vie. Qui pourroit calculer les avantages précieux qu'elle va retirer d'une jufte répartition d'impôts, de la fuppreffion de la corvée, de la dîme, de la gabelle & du régime féodal ?

Voyez dans les campagnes s'ouvrir des atteliers nombreux pour deffécher des marais ftériles & nuifibles. Bientôt convertis en terreins fertiles, ils produiront d'abondantes récoltes.

Et ces communes immenfes, ftériles, qui occupent encore la huitieme partie de la furface du royaume, quelle fource abondante de richeffes ne nous offrent-elles pas ? La loi qui en accordoit le tiers au feigneur eft abolie. Une loi plus jufte en fera le partage entre tous les habitants des campagnes ; &, fans doute, le mode de partage le plus favorable à l'habitant pauvre, fera celui qu'adoptera l'Affemblée nationale. Ainfi la propriété particuliere qui vivifie tout, fera fubftituée à la jouiffance commune qui n'entraine qu'abus, infouciance & dégradations.

Tous ces défrichements auront l'avantage d'augmenter la maffe des productions, le nombre des propriétaires, & de diminuer le fardeau de l'impôt, en le divifant fur une plus grande étendue de terrein fertile.

Mais ce n'eft pas là que feront bornés les heureux effets qui doivent naître de ce nouvel órdre de chofes & dont la claffe indigente recueillera principalement les fruits.

Jettez, Meffieurs, un coup d'œil fur un avenir prochain. Voyez toutes ces affemblées adminif- tratives, couvrir les points principaux de la France, & s'occuper par-tout de ce qui peut tendre au foulagement du peuple ! Quelle maffe de lumieres va fe réunir pour perfectionner l'adminiftration, & en extirper jufqu'aux moin- dres abus ! que de projets utiles vont éclorre ! quelle facilité pour leur exécution !

O France ! patrie chérie, encore quelques jours, & tu n'auras plus rien à envier aux peuples les plus libres.

Notre gouvernement fera fimple. Les pou- voirs, convenablement divifés & circonfcrits dans des limites invariables. Le peuple, qui aura fait la conftitution par fes repréfentants, fera encore les loix par fes députés ; des hommes qu'il aura choifis les appliqueront : le monarque feul, ou fes prépofés les feront exécuter.

Quelle eft intéreffante la révolution qui s'opere ! quel heureux avenir !....

Mais il faut y arriver fans trouble & fans fecouffes. Ce bonheur futur, une foule de citoyens l'achete par des privations préfentes ; plufieurs même fe voient enlever leur état. Plaignons tous ceux à qui une réforme falutaire impofe des facrifices perfonnels ; excufons leurs murmu- res. L'accent de la douleur eft permis au malade qu'on opére. Faifons plus, offrons leur des motifs de confolation & d'encouragement : dirigeons leur activité fur des travaux d'un autre genre. C'eſt à l'induſtrie fur-tout, qu'il appartient de compenſer ces pertes.

Parcourons donc rapidement les reſſources que notre ville préſente pour le commerce.

Grenoble entouré de grandes routes, & baigné par une riviere navigable, offre de toutes parts des moyens de communication, & des débou- chés faciles pour ſes productions.

Le génie induſtrieux de ſes habitants, leur affabilité, leur bonne foi les rend propres à toutes ſortes de commerce.

Une plaine fertile nous fournit en abondance les denrées de premiere néceſſité.

Des montagnes voiſines, riches en pâturages, nourriſſent des troupeaux nombreux; leurs cîmes couvertes de bois, excédants nos beſoins, ou- vrent encore à notre induſtrie une nouvelle branche de commerce; & les mines précieuſes, renfermées dans leurs ſeins, nous préſentent une ſource de richeſſes.

Les matieres premieres croiſſent fur notre ſol, ou ſe trouvent facilement près de nous.

Le chanvre, le lin, la laine, la ſoie, le fer, les cuirs, &c.; nous avons tout à notre diſpoſition.

Nos reſſources ſont multipliées & abondantes. il ne s'agit donc que de les développer, en for- mant de nouveaux établiſſemens & en perfec- tionnant ceux que nous avons déja.

Eh! quel moment plus propice! le commerce a-t-il jamais été plus favoriſé, plus encouragé qu'il ne l'eſt aujourd'hui?

Nos tanneries énervées, par le droit de marque, n'avoient besoin pour reprendre vigueur, que d'être affranchies de ce droit onéreux. Ce droit est supprimé. Des secours utilement dispensés les conduiroient, sans doute, à s'élever à la perfection angloise. Les succès qu'ont obtenu en ce genre les nouvelles manufactures de Normandie (1), ont prouvé que nous étions susceptibles d'y parvenir, & présentent à nos contrées un modele digne d'émulation.

Nos fabriques de gants sont les plus estimées de l'Europe. Ce seul commerce, dans des temps prosperes, met en activité, à Grenoble, sept mille citoyens. Il nourrit à lui seul un quart de la population (2). Combien il seroit facile d'étendre & de perfectionner cette branche d'industrie, si importante pour nous, & de tirer parti de tous les avantages que la nature nous présente en ce genre !

Nos forges n'ont besoin que d'encouragement pour entreprendre, la fabrication des pieces fortes & d'un grand prix, que la France est obligée de tirer d'Angleterre.

La laine, cette matiere premiere & si précieuse, cet aliment d'un nombre infini d'atteliers, nous offre une source abondante de richesses.

Nos laines, estimées par leur bonne qualité, seroient encore susceptibles d'une amélioration,

____

(1) MM. le Gendre & Martin, à Pont-Audemer.

(2) Les guerres d'Allemagne, du Brabant & nos troubles intérieurs, nuisent beaucoup à ce commerce.

qui les rendroit propres à entrer dans nos plus riches manufactures.

Ce projet n'a rien de chimérique. Pour qu'il se réalise, il suffit de se procurer des béliers de race espagnole ou angloise, de croiser ces races étrangeres avec nos espèces indigenes, & de corriger le régime actuel de nos troupeaux.

Des expériences faites dans plusieurs provinces du Royaume, ont prouvé que par ce procédé simple, des agriculteurs zèlés, sont parvenus à obtenir des laines presque aussi fines que celles d'Espagne & d'Angleterre. Pourquoi ne pas nous promettre les mêmes succès dans les cantons qui nous entourent ? La cherté du sel n'est plus un obstacle à cette amélioration tant désirée, de nos troupeaux & de leurs toisons.

Notre commerce en toiles est encore susceptible de la plus grande extension : par-tout elles sont recherchées. Cette branche d'industrie ne connoîtroit point de bornes.

Mais, chose étrange ! tandis que nous nous livrons à l'inaction, des bourgs, des villes voisines, nous montrent l'emploi utile qu'on peut faire de nos matieres premieres.

Voiron fabrique des toiles avec notre chanvre. Lyon fait ouvrer nos soies & préparer nos cuirs. Crest, & plusieurs autres villes du bas Dauphiné, forment des étoffes avec les laines que produisent les troupeaux de nos montagnes.

Pourquoi, je le demande, ne formerions-nous pas des établissemens pareils à ceux de nos voisins ? Nous avons les mêmes ressources, les mêmes moyens qu'eux, & plus encore, puisque

nous leur fournissons une partie des matieres premieres (1).

Les circonstances actuelles nous offrent encore
un avantage particulier. La réunion des maisons
religieuses laissera à la disposition de la nation
celles qui seront inutiles. Ces bâtimens vastes,
présenteront des emplacemens très - commodes
pour y établir toutes sortes de fabriques & de
manufactures.

Telles sont, Messieurs, nos principales ressources. Tels sont les différens genres de commerce auxquels pourroient se livrer ceux, qui,
par une suite de la révolution, éprouvent un
changement notable dans leur état. Ah ! qu'ils
ne se laissent point abattre par un orage passager.
Soutenons leur courage ; animons leur zele : une
volonté ferme leur répond du succès. Montrons
leur un avenir plein de charmes, & le dédom-
magement de tous les sacrifices dans la jouissance
de la liberté.

Mais, Messieurs, ce n'est pas assez. Ces différents établissements ne peuvent être formés

____

(1) Tel est l'avantage du commerce en grand & de l'industrie, qui fabrique des objets d'une utilité générale, que
des villes voisines peuvent s'y livrer sans se nuire réciproque-
ment. De pareilles productions sont toujours au-dessous des
besoins de la consommation. D'ailleurs, les objets de notre
industrie prendront plus de faveur, à mesure que l'esprit
public se développera. Nous touchons au moment où l'opinion imprimera une espèce de flétrissure au goût des productions exotiques. Nous rougirons bientôt de porter à l'é-
tranger un tribut que nous devons à nos freres laborieux.

que par ceux qui ont déja un commencement de fortune. Il eſt une autre claſſe de citoyens, claſſe nombreuſe & déshéritée par la nature, qui ne poſſédant rien, ne trouve ſa ſubſiſtance que dans un travail journalier. C'eſt de leur ſort qu'il faut s'occuper. C'eſt aux néceſſiteux du moment qu'il faut offrir tout-à-la-fois des reſſources prochaines & des moyens de ſubſiſtance.

Tous les projets de bienfaiſance, tous ceux qui tendent au bien général de la cité, entrent eſſentiellement dans le plan de votre aſſociation. C'eſt dans cet objet, Meſſieurs, que je vais vous ſoumettre quelques vues générales ſur les moyens à prendre, pour ſecourir cette claſſe indigente de nos concitoyens.

Moyens à prendre pour ſecourir les pauvres. On ne peut ſe le diſſimuler ; la ſuſpenſion des travaux augmente journellement la miſere. Si les beſoins ſe font ſentir actuellement que les occupations de la campagne offrent plus de reſſources, ils deviendront bien plus preſſants dans la ſaiſon morte de l'hiver. Il faut donc prévenir ce moment.

Parmi les indigents, on doit ſoigneuſement diſtinguer les vrais pauvres d'avec les mendiants.

Les vieillards, les enfants, les infirmes, & ceux qui, faute de travail, ſont obligés de demander un pain qu'ils ne peuvent gagner, ſont des pauvres & ne ſont pas des mendiants.

Au contraire, cette claſſe d'hommes qui ne ſont d'aucuns lieux, qui n'ont aucun domicile, & qui ne ſont dans l'indigence, que parce que la pareſſe & le libertinage les y ont réduits, ſont des mendiants & ne ſont pas de vrais pauvres.

(13)

Il y a trois états dans la vie qui font difpenfés du travail. L'enfance, la maladie & l'extrême vieilleffe. Le premier devoir de l'adminiftration eft de leur affurer à tous les trois des afyles contre l'indigence ; je ne dis pas feulement des afyles publics, triftes & pitoyables reffources, plus propres, peut-être, à faire gémir l'humanité fouffrante qu'à la confoler de fes maux ; mais des afyles domeftiques : c'eft-à-dire, qu'il faudroit fecourir les vrais pauvres, dans leurs propres foyers, au fein d'une famille laborieufe, & qu'on mettroit en état, par fon travail, de fubvenir à leurs befoins.

Il n'entre pas dans mon fujet d'examiner quels établiffements on pourroit fubftituer aux hôpitaux, qui, en général, font bien loin de remplir l'objet de leur deftination (1). Cette branche de l'adminiftration, exige un plan vafte,

______

(1) On doit rendre juftice au zele & aux foins généreux des perfonnes qui adminiftrent les hôpitaux de cette ville. Les malades y font auffi bien foignés qu'on peut l'être dans ces maifons de charité.

Mais cet ordre de chofes eft-il le meilleur poffible ! ne peut-on foulager des hommes accablés de fouffrances & de mifere, qu'en les renfermant dans des hôpitaux ! Il eft difficile de fe le perfuader. Dans ces hofpices, à la vérité, le médecin & les remedes ne coûtent rien à l'indigent ; mais le malade eft couché à côté d'un moribond & d'un cadavre ; des cris douloureux troublent fon fommeil. Un air rempli de miafmes putrides aggrave fa maladie. Le fpectacle terrible de la mort eft fans ceffe fous fes yeux. Privé des confolations qu'il eût trouvé au fein de la famille, le malheureux verfe des larmes ameres, que perfonne ne recueille, & invoque la mort, comme le terme de fes peines...... Cruelle charité que celle de nos hôpitaux !

uniforme ; elle eſt confiée aux aſſemblées de départements. N'en doutons pas, Meſſieurs, un ſujet ſi intéreſſant ſera le premier objet de leur ſollicitude.

Par leurs ſoins vigilants, bientôt l'aſpect fâcheux de la miſere diſparoîtra avec elle ; la mendicité fuira avec les déſordres qui marchent à ſa ſuite. Les vagabonds, tirés du ſein d'une oiſiveté coupable, rendront à la ſociété leur force & leur activité. La caducité & la langueur ſeront confiés aux ſoins d'une adminiſtration bienfaiſante.

Tels ſont les heureux effets que nous devons attendre ſur ce point, du nouveau gouvernement.

Mais des citoyens iſolés, bornés dans leurs moyens, ne peuvent pas étendre auſſi loin leurs vues bienfaiſantes. C'eſt aſſez pour eux, s'ils parviennent à adoucir le ſort de leurs concitoyens que les circonſtances actuelles ont réduits à l'inaction.

Je ne m'occuperai donc point des pauvres que leur âge ou leurs infirmités retiennent dans l'indigence. Quelque intéreſſants qu'ils ſoient, nos hôpitaux ont fourni juſqu'ici à leurs beſoins, & ces ſecours peuvent ſuffire encore juſqu'au nouvel ordre de choſes qui améliorera leur ſort.

A l'égard des vagabonds & mendiants étrangers, qui n'auroient point ici de domicile fixe, il eſt abſolument indiſpenſable d'en purger la cité, & de les renvoyer chez eux. La police a déja donné des ordres à cet égard. Il ne s'agit que de veiller à leur exécution (1).

____

(1) En renvoyant ces mendiants étrangers, il eſt de l'humanité de leur donner les ſecours néceſſaires pour ſe rendre chez eux. Ce ne ſeroit pas une dépenſe conſidérable.

Il ne nous reste plus que les pauvres valides & les ouvriers sans travail.

Ceux-ci n'ont droit de vivre que des fruits de leurs peines. C'est le sort commun de l'humanité ; la société ne leur doit que les moyens d'exister à ce prix ; mais ces moyens elle les leur doit. Ce n'est pas assez de dire au misérable qui tend la main, *vas travailler* ; il faut lui dire, *viens travailler*.

A quoi, me dira-t-on ? quelles sont les ressources pour occuper & pour nourrir cette foule d'hommes oisifs ?

Je propose un moyen simple & connu. C'est l'établissement d'atteliers publics, convenables aux différents sexes, aux différents âges, & qui seroient ouverts aux époques de l'année, où tout autre travail paroît manquer aux manouvriers.

Les filatures de laine, de chanvre & de coton offrent une ressource d'un grand prix, parce qu'elles occupent la partie des pauvres la moins robuste & la moins active, telle que les femmes, les enfants, & qu'elles n'exigent presque aucune éducation.

Et ne croyez pas, Messieurs, qu'il fallût des fonds bien considérables, pour former des établissements pareils. Il en existe déja dans la ville ; il ne s'agit que de les étendre, & d'augmenter le nombre des ouvriers qui y travaillent.

Ainsi, par exemple, n'avons-nous pas dans la cité des atteliers où l'on file de la laine & du coton ? N'en n'avons nous pas d'autres pour peigner le chanvre, fabriquer des toiles & des étoffes ?

Tous ces atteliers occupent déjà une foule de bras. Mais rien ne feroit plus facile que d'en doubler & même d'en tripler le nombre. Ce feroit de donner quelque encouragement aux particuliers qui dirigent eux-mêmes ces fabriques.

Nous connoissons tous un citoyen estimable (1), qui est à la tête d'une filature de coton, où il occupe environ 80 ouvriers ; ce citoyen a offert & offre encore d'augmenter le nombre des personnes qui travaillent à sa fabrique, & de le porter jusqu'au nombre de 400, si l'administration, ou une société bienfaisante, lui procure gratuitement un emplacement capable de contenir ces nouveaux ouvriers. Les frais de cet emplacement ne sauroient excéder une somme de 600 livres. Ainsi, avec un secours aussi modique, on auroit l'avantage d'assurer du travail, pour toute l'année, à 400 ouvriers indigents. Quelle ressource précieuse pour le moment où nous sommes !

Plusieurs fabricants en laine, chanvre & autres genres, feroient également disposés à augmenter le nombre de leurs ouvriers ; les uns de dix, les autres de vingt personnes, plus ou

______

(1) M. Hache Dumirail. Avec le secours de cette filature, on pourroit établir ici des fabriques de toiles de coton, de bas & de bonneteries. Nos fabricants actuels de siamoises & de cotonnes, y trouveroient aussi des matériaux plus fins, & les moyens d'étendre & de perfectionner leur commerce. C'est ainsi qu'un seul établissement utile devient une source féconde, qui en produit & fait prospérer d'autres.

moins, si on leur donnoit quelques secours pé-
cuniaires, pour se procurer un attelier plus vaste,
ou qu'on leur fît quelques avances.

On conçoit aisément combien cette maniere
de multiplier le nombre des ouvriers, en donnant des encouragements aux fabriques déja for-
mées, est avantageuse & économique. Par ce
moyen, l'administration n'est pas obligée de se
procurer, à grands frais, des méchaniques, des
métiers, des instruments. C'est le fabricant lui-
même qui en fait les fonds & qui reste chargé
de tous les détails.

Cependant, si ce premier moyen n'étoit pas
suffisant, on pourroit y suppléer, en établissant
de nouveaux atteliers pour des filatures de laine
& de coton. J'insiste sur ce genre d'établissement, parce que c'est celui qui met en activité
le plus de bras, qu'il n'exige aucun apprentis-
sage, ni de grosses avances pour sa formation,
& qu'il est d'une utilité permanente.

Enfin, Messieurs, ne seroit-il pas possible de
se procurer une salle vaste, qu'on auroit soin
d'échauffer pendant l'hiver & d'y établir une
filature de chanvre ? Toutes les ouvrieres sans
travail seroient invitées à y porter leurs rouets à
filer. On leur fourniroit le chanvre préparé.
Chaque soir elles seroient payées de leur ou-
vrage. Une seule directrice, digne de la confiance publique, conduiroit cet attelier nombreux.

Un pareil établissement se formeroit à peu de
frais. Les rouets à filer ne coûteroient rien : chaque ouvriere a le sien. Le produit du fil

ferviroit à renouveller les premieres avances qu'on auroit faites. Il pourroit même dédommager d'une partie des frais du loyer, de la lumiere & du feu.

Tous ces détails font arides, fans doute. Ils ne fe prêtent point aux mouvements oratoires ; mais ils tendent au foulagement de l'humanité fouffrante, & ils fatisfont le cœur.

Je paffe actuellement aux moyens à prendre pour l'exécution du projet propofé.

Deux difficultés fe préfentent d'abord. Quels feront les adminiftrateurs qui furveilleront ces différents atteliers ? Et comment fe procurer les fonds néceffaires pour les former ?

Sans doute, il feroit indifpenfable de confier à des citoyens zèlés pour la chofe publique, la furveillance & l'adminiftration de ces établiffements.

Je propoferois donc d'établir en cette ville un bureau d'atteliers de charité, compofé de feize membres ; quatre d'entr'eux feroient pris parmi MM. les officiers municipaux ; quatre places feroient remplies par MM. les curés ; & les huit autres par des citoyens choifis indiftinctement dans toutes les claffes. Il exifte dans toutes les fociétés des ames honnêtes & fenfibles, qui ne cherchent d'autre récompenfe à leurs peines que le bonheur d'être utiles à leurs femblables.

Ce bureau commenceroit fes opérations par fe procurer un état général de tous les pauvres valides & des ouvriers fans travail. Il examineroit enfuite les moyens les plus propres pour les occuper, foit en donnant des encouragements aux propriétaires des établiffements exiftants , à la charge d'augmenter le nombre de leurs ouvriers, foit en formant des atteliers publics. Ce bureau pourroit encore nommer hors de fon fein des commiffaires pris dans chaque quartier de la ville, pour connoître plus exactement les befoins des pauvres. En général il eft utile qu'une adminiftration de charité , foit la plus nombreufe poffible. En y intéreffant un grand nombre de citoyens, on fe procurera plus de lumieres & de moyens.

A l'égard des fonds qui feroient néceffaires pour l'exécution de ce projet, il fuffiroit de réunir dans une feule caiffe les dons & les aumônes qui fe font partiellement.

Ces charités font plus confidérables qu'on ne penfe. Divifées , elles produifent peu d'effets ; réunies, elles feroient infiniment plus falutaires.

Prétendroit-on que le produit de ces aumônes feroit infuffifant? Les charités actuelles ne fubviennent-elles pas aux befoins de tous les mendiants? Pourquoi les mêmes fecours, mieux dirigés & fagement adminiftrés, ne produiroient-ils pas le même avantage ?

N'en doutez pas , Meffieurs , ces dons feroient encore augmentés par l'efprit public qui fe développe chez une nation, dans la même proportion qu'elle recouvre fa liberté. Un peuple libre fut toujours humain & généreux. Ce même efprit public qui attache un citoyen à fa patrie, le fait voler au fecours d'un concitoyen malheureux.

Ces dons feroient encore augmentés par la confiance qu'infpireroit naturellement une adminiftration publique.

Beaucoup d'ames fenfibles, de cœurs compatiffants qui ne peuvent fupporter fans attendriffement l'afpect d'un malheureux, fe plaignent d'être fouvent trompés dans l'application de leurs aumônes. En dépofant ces mêmes aumônes dans la caiffe commune, ils feront affurés que la diftribution ne s'en fera qu'avec connoiffance des vrais befoins de ceux à qui elles feront données; ils ne douteront point que ces dons ne foient employés de la maniere la plus efficace, & ils fe livreront plus volontiers à leurs libéralités.

Un calcul bien fimple nous donnera l'idée du produit de ces amônes journalieres.

Il exifte dans la cité environ 2000 citoyens actifs : je les divife en deux claffes, l'une riche & l'autre plus refferrée dans fes moyens. Dans la premiere, il n'eft aucun individu, qui, l'un portant l'autre, ne diftribue annuellement 24 l. en charités partielles. = Je n'évalue qu'à 6 liv. la contribution annuelle de chaque membre de la feconde claffe. Sur ce pied le produit annuel de ces aumônes journalieres, feroit au moins de 30,000 liv. (1)

---

(1) Ce produit s'éléveroit fans doute à une fomme plus confidérable ; car les bafes de notre calcul font réduites au moindre taux. D'ailleurs, quel citoyen honnête ne confentiroit pas avec plaifir, à donner tous les mois, une aumône, même plus forte que celle qu'il fait actuellement, s'il étoit certain qu'au moyen de l'établiffement propofé, on

A cette somme il faudroit encore ajouter les charités faites par les femmes riches de toutes les classes, qui ne sont pas comprises au nombre des citoyens actifs. La pitié & la compassion sont l'attribut distinctif de ce sexe aussi généreux que sensible.

Voyez, Messieurs, toute l'étendue de nos ressources & ne doutez point du succès. Ces secours renouvelés chaque année & bien administrés, ne seroient-ils pas plus que suffisants pour soutenir nos atteliers publics ? Hâtons-nous donc de former ces établissements; tout délai peut être dangereux. Il n'est aucune difficulté qu'un zele bien dirigé ne puisse surmonter.

Déjà, Messieurs, vous avez donné un exemple récent de bienfaisance, en provoquant une souscription publique pour le soulagement des pauvres. Vous avez voulu être inscrits les premiers sur cette liste honorable. (1) Une foule de bons citoyens, s'empresse journellement d'augmenter le produit de cette souscription.

L'emploi de ces dons a été confié à la sagesse de nos officiers municipaux. Puissent-ils dans

---

parviendroit à faire disparoître la mendicité de la ville ? Les pauvres valides & les ouvriers sans travail une fois occupés, il ne resteroit que les infirmes & les malades ; ceux-ci continueroient d'être secourus, ou chez eux, par les bureaux des paroisses; ou dans les hôpitaux, jusqu'à un meilleur ordre de choses. Ainsi l'homme sensible ne seroit plus, à chaque instant, douloureusement affecté, par l'aspect de la misere, & par les cris déchirants d'un besoin réel ou supposé.

(1) La Société des *Amis de la Constitution* a souscrit pour une somme de 1600 liv.

leurs mains devenir le germe d'un établiffement durable, & fixer parmi nous l'époque de la deftruction de la mendicité.

Pleins de zele pour la chofe publique, ces magiftrats ont déjà prévenu le defir des bons citoyens. Ils ont *déclaré que dans l'emploi de ces fonds, ils choifiroient le mode qui tendroit le plus efficacement à écarter de nos murs la pareffe & l'oifiveté* (1)

Secondons leurs efforts généreux; uniffonsnous tous pour affurer le fuccès de l'utile projet qu'ils ont formé.

Mais tandis que ces dignes adminiftrateurs veillent pour notre bonheur, & qu'ils s'occupent des moyens d'écarter la mifere qui menace nos murs, tâchons, ô mes concitoyens, d'y maintenir l'ordre & la paix. Montrons-nous dignes d'une liberté dont nous fûmes les premiers défenfeurs. Abjurons tout efprit de haine & de parti. Ramenons par la douceur ceux de nos freres, qui font d'une opinion contraire. La plupart, frappés dans leurs fortunes par les réformes qui s'opérent, méritent plus d'égards que de reproches. Cependant allions à une conduite modérée une vigilante fécurité. Eclairons les démarches des ennemis de la conftitution. S'il en étoit encore

---

(1) Voyez la délibéretion du 5 mai 1790. Mais depuis lors les befoins urgents du moment ont déterminé la municipalité à employer le produit de cette foufcription, à donner aux pauvres du pain au rabais. Cependant fon intention eft toujours d'établir des atteliers de charité dès qu'elle en en aura les moyens.

d'affez téméraires pour tenter de la renverfer, livrons-les au bras vengeur de la juftice ; mais ref-pectons nous-mêmes leurs perfonnes & leurs biens. Il n'appartient qu'aux tribunaux de juger leurs délits, d'ordonner leurs fupplices. Notre cité s'applaudit d'avoir été le berceau de la liberté. Ah ! ne fouillons point fa gloire & une fi belle caufe, par des fcenes d'horreur. . . . Soyons unis, payons les impôts ; & nulle puiffance fur la terre ne pourra nous-affervir.

A GRENOBLE, chez J. ALLIER, Imprimeur de la Société des Amis de la Conftitution 1790.